UNA AMISTAD
Que No Sabía Que Tenía...

Para ti…

Con todo mi Amor...

Copyright © 2017 by Soul T Alma
ISBN : 978-0-9969667-9-5

Otras Creaciones

Libros

- **Energies In My Body...** The Greatest Blessings Of My Life!!!
- **Energías En Mi Cuerpo...** ¡¡¡Las Bendiciones Más Grandes De Mi Vida!!!
- **Running Out Of Time...** Is That Even Possible???
- **Se Me Acaba El Tiempo...** ¿¿¿De Verdad Crees Que Eso Es Posible???
- More... Life-Changing... Life-Giving... Never-Ending... **TOUGHTS...**
- Más… **PENSAMIENTOS…** Transformadores… Que-Dan-Vida… Que-Nunca-Terminan…
- **A FRIEND** I Didn't Know I Had...

Sitios Web

soultranslations.com

traduccionesdelalma.com

soultalma.com

Para Contactarme
Correo Electrónico: SoulTAlma@yahoo.com

Contenidos

No pienses en números de páginas ni nada de eso… Llegarás allí… Dondequiera que "allí" sea… En el momento más apropiado para tí… Todo en el preciso instante… ¡¡¡Siempre con mucha alegría!!!

Capítulo 1-- **Descubriendo** "Una Amistad Que No Sabía Que Tenía"
Capítulo 2-- De "Una Vergüenza Total" A **Conocer Lo Que Es La Eternidad**
Capítulo 3-- **Expandiéndome Hacia Adentro**… Infinitamente
Capítulo 4-- Sobre el **Aspecto Limitante** De Las Palabras
Capítulo 5-- Sólo **Un Fluído** De Una Misma Energía
Capítulo 6-- Verdadera **Comunicación**
Capítulo 7-- Cuando "Esto" **No Me Sucede**
Capítulo 8-- **Caminos** Desde El Amor Y **Hacia El Amor**
Capítulo 9-- Ángeles Humanos
Capítulo 10-- Seres De Luz
Capítulo 11-- Y TÚ… "Amistad-Que-No-Sabía-Que-Tenía"
*** Algunos **Pensamientos** ***
*** **La Vida** ***
11: 11-- Epílogo

Capítulo 1-- Descubriendo "Una Amistad Que No Sabía Que Tenía"

Un día... Más o menos a mediados de febrero del 2016... Uno de esos días que llegué a Mi Gimnasio demasiado temprano... O demasiado tarde...

Demasiado tarde para la primera clase... Una clase que me encanta pero a la que casi nunca puedo asistir... Empieza a la hora perfecta... Pero debido a las muchas actividades y a todo lo que tengo que conducir cada mañana, llego demasiado tarde la mayoría de las veces... Y a pesar de que la instructora me ha dicho repetidamente que está bien que entre aunque sea tarde, porque ella sabe lo mucho que adoro la clase... Realmente lo he hecho muchas veces... Pero es muy incómodo para mí porque no es sólo "entrar" tarde... También es tener que reunir todo el equipo necesario... El paso (escalón)... La barra... Las pesitas... La estera (alfombra)... Las elevaciones para el escalón... Etc... Y perturbar el fluir de la clase en todo ese proceso...

Demasiado temprano para la segunda clase... Una clase que también amo profundamente y comienza justo después de la primera...

Por lo general me siento en el vestíbulo y leo o escribo algunas cosas o simplemente cierro los ojos un rato o tomo un poco de café...

Pero ese día... Ese día estaba sintiendo esa Intranquilidad Especial... Esa Hermosa Energía dentro de mí... Esa Hermosa Energía que he llegado a Reconocer... Entender... Amar... Y Conocer tan bien...

Comienza a veces (como en este día en particular) similar a algún tipo de Inquietud... Algún tipo de Ansiedad Infantil sin ningún motivo en particular... Y aunque trato de calmarla... Todo lo contrario ocurre cada vez... Se intensifica... Por ningún motivo en particular...

Así que... Ese día entré... Intenté ir a la primera clase, pero "algo" me hizo retroceder y no lo hice... Luego volví al vestíbulo y tomé un café... Me senté y comencé a leer algo en mi teléfono... Luego cerré el teléfono... Me levanté y traté de entrar de nuevo para sentarme en otros bancos que hay dentro... No permanecí allí ni siquiera medio minuto y salí de nuevo... Hablé de una manera muy feliz con esta y la otra persona que entraba en ese momento... Me levanté y fui a la entrada del gimnasio, como si fuera a regresar a mi coche... Luego giré en redondo y entré de nuevo... Hablé con esta persona y la otra...

Entonces vi a una de las señoras que va a mi segunda clase y crucé un par de palabras con ella... Luego di la vuelta como para ir a donde está el aula y volví otra vez… Y fui a donde esta señora estaba tomando café y crucé algunas palabras más con ella… Y luego algunas palabras más… Y algunas palabras más…

Y esas "algunas palabras" se convirtieron en una conversación agradable y muy significativa… En la que ella decía algo que estaba totalmente en sintonía con las cosas que yo pensaba y sabía sobre el mismo tema… O yo decía algo con lo que ella se identificaba totalmente…

Y ella mencionó que ese día en particular llegó al gimnasio demasiado temprano debido a diferentes "eventos casuales" … Y que ella normalmente no llega tan temprano…

Y fue muy interesante ver cómo las dos poco a poco nos estábamos dando cuenta al mismo tiempo que detrás de "esa conversación" había mucho más que "simple casualidad" …

Y mientras ella me decía eso, yo le explicaba que mi intención era entrar a la primera clase y "algo me hizo" cambiar de opinión… Después iba a entrar en mi coche y "algo me hizo" dar la vuelta e ir aquí e ir allí y terminar en ese momento hablando con ella…

Y de esa manera la conversación se fue dirigiendo a temas muy profundos… Muy fuera de lo que llamamos "rutina" … Y ambas nos percatamos que estábamos casi exactamente en la misma "frecuencia" … Pensábamos casi en la misma manera en relación a los temas de los que estábamos hablando…

Yo comenzaba a decir algo y ella lo terminaba exactamente con lo que yo iba a decir… O ella hacía un comentario y yo lo seguía en la misma dirección en que ella iba…

¡Era algo tan interesante! ... Sucedió así... Como surgido de la nada... En medio del vestíbulo del gimnasio... Enfrente de la máquina de hacer café...

Y en cuestión de un par de minutos... Tal vez cinco... No recuerdo... La conversación alcanzó una profundidad tan increíble... Arrastrándonos a ambas con ella... Que terminé haciendo algo que pensé que nunca iba a hacer...

Le pregunté si le gustaba leer y ella me dijo que le encanta... Y le conté cómo me pasó que escribí "algo" a través de "oleadas de impulsos" ... Y que básicamente llegué a diferentes puntos a través de esas "olas de Impulsos" ... Donde yo no podía mantenerlo más dentro de mí... Y que incluso cuando no es mi idioma materno... Todo vino a mí en inglés...

Y que yo estaba bastante "avergonzada" porque nunca había escrito nada… Y porque todo lo que estaba escrito allí era demasiado íntimo y demasiado querido para mí…

Y ella simplemente me dijo que le encantaría leerlo… Y me preguntó si lo tenía conmigo… Le dije "tal vez en mi coche" … Fui y lo busqué y se lo di… Ella dijo que definitivamente lo leería… Y luego corrimos a clase…

Y todo el tiempo en la clase… Y los días después de eso… Seguí pensando en lo que había pasado… Era tan hermoso y tan "chocante" en cierto modo…

Y seguí pensando cuán lejos estaba de saber quién era realmente esa persona…

De verla regularmente en clase pensaba que era una persona agradable y todo eso… Pero nunca hubiera podido imaginar que ella era tan "espiritual"… Y probablemente lo mismo le pasó a ella respecto a mí…

Y luego el llegar juntas a las profundidades de esa conversación y terminar permitiéndole leer todo lo que escribí fue algo que me dejó totalmente anonadada…

Y ahora que fui a mirar exactamente qué día había sido… Porque todavía no podía entender por qué tenía ese nivel de "Saltarinidad" e Inquietud ese día…

Y por lo general cada vez que "eso" me pasa con tanta Intensidad y de una manera tan "Reconocible"… Cuando reflexiono un poco y "conecto los puntos"… Siempre hay algo muy Poderoso y muy Obvio detrás de todo…

Y además de la Inquietud y la "Saltarinidad" y las Energías… La Perfección de las Sincronicidades y la Secuencia de las cosas que tuvieron lugar ese día…

Cuando reflexioné sobre todo eso desde un estado más "desenfocado" … Todo… Absolutamente todo… Tenía Perfecto Sentido para mi…

Era un día demasiado estrechamente relacionado con muchas de las cosas que describo en "*Ese Libro*" que yo estaba tan "avergonzada" de hacer que ella… O cualquier otra persona realmente… Leyera… O que incluso supiera que me "atreví" a escribir algo así…

Pasaron tres días… Y de repente… En un día muy significativo de febrero… Recibí un texto de ella… Como surgido de la nada… Un texto que

sólo decía "Hola, acabo de terminar de leer el libro. Muy interesante. Los comentarios en persona. Jajaja. Buen trabajo" … Y yo simplemente le dije "Gracias… Pero por favor dime todo tal cual es"
…

Capítulo 2-- De Una Vergüenza Total A Conocer La Eternidad

Esta "Amistad-Que-No-Sabía-Que-Tenía" estaba llena de tanta vitalidad interior… ¡Tantas preguntas que quería hacerme! … Era muy evidente que ella realmente había leído… Y entendido muy profundamente… "*El Libro*" …

Y de todas las posibles preguntas… Una de las primeras que me hizo fue: "¿Tú consideras a ESE SER y a la pareja que conociste en ese viaje a "Ese-País-A-3.5 Hrs-De-Distancia-En-Avión" como lo que algunos llaman "Seres de Luz"? …

¿Ves? … ¡Nunca hubiera esperado ese tipo de pregunta de nadie! …

¿¿¿Y qué puedo saber yo??? …

Soy un simple ser humano que ha estado viviendo la vida lo mejor que puede y en algún momento tuvo ese empuje "Como-Surgido-De-La-Nada" de empezar a escribir y escribir y escribir y no podía parar... Todo llegó al-muy-simple-punto-de-o-lo-hago-o-exploto...

Así que... Lo hice... Lo hice sin saber lo que estaba haciendo... Sin saber si la escritura... O el estilo... O la ortografía... O la gramática... O... O... O... Habían sido utilizados correctamente... E incluso cuando mi pensamiento... (Y lo que sé que es "práctica común" ... O "sentido común") ... Era darle una muestra a una o varias personas para que la revisen y la cambien y la seccionen y la analicen...

Cada vez que ese pensamiento "aparecía" en mi mente... Algo en lo más profundo de mis entrañas de repente saltaba y se ponía de cabeza y comenzaba a empujarme y forcejear conmigo desde adentro hacia afuera… Aunque yo lo tratara de dominar desde afuera hacia adentro…

Y era imposible porque cada vez el Sentimiento… La Sensación… El "Saber" que llegaba a mí era… "Pero ¿qué saben ellos???…

¡Ellos no fueron los que lo vivieron!!! …

¡Ellos no fueron los que lo tuvieron dentro durante tanto tiempo!!! …

¡Ellos no fueron los que estuvieron llenos de todo esto!!! …

¡Ellos no fueron los que observaron y amaron todo este proceso!!! …

Los que observaron y amaron mi cuerpo…

Los que observaron y se maravillaron al ver cada segundo de mi vida…

Presente…

Pasado…

Futuro…

¡Cambiar dentro de mí y alrededor mío!!! …

¡Ellos no fueron los que no pudieron detener nada de lo que pasaba dentro de mí y pasaron cada segundo en total asombro, admiración y reverencia ante todo lo que salía de muy dentro de mí... Ante lo que estaba pasando dentro de mí!!! ...

¡Ante lo que me estaba pasando a mi!!!" ...

Y aunque intenté encontrar fallas y errores y cambiar las cosas el incontable número de veces que lo leí... No pude...

Y no pude porque lo que está escrito allí es... (aunque sólo la más pequeña "punta del iceberg" de todo lo que en realidad viví) ... La esencia más pura y más verdadera de todo lo que me pasó... De todo lo que ES...

Así que... No sé ni siquiera cómo... Porque requería muchas habilidades que ahora parecen insignificantes... Pero que nunca tuve... No sé cómo lo hice todo y me las arreglé para "sacarlo a la luz" ... No pensando en nada... "Avergonzada" por el temor de lo que la gente podría pensar de todo eso... Especialmente las personas que me conocen...

Todo estuvo "hecho y publicado" durante mucho tiempo antes de dejar que la primera persona lo viera... O que incluso supiera que me atreví a hacer "semejante cosa"... Y luego me tomó mucho tiempo para decirle a alguien más... Y a alguien más... Yo estaba segura que nunca iba a decirle a nadie cercano a mí...

Así que... Yo estaba en medio de toda esa "vergüenza" todos estos meses... Y "Esta-Amistad-Que-No-Sabía-Que-Tenía" estaba tan ansiosa por sentarse y hablar...

Y yo estaba "avergonzada"... Pero al mismo tiempo profunda... Muy profundamente dentro de mí YoSé la Esencia Pura de donde vino... Y sigue viniendo... Todo eso...

Fue en medio de "esa vergüenza" que recibí esta profunda y significativa pregunta a la que no tenía idea qué contestar...

Y no tenía ni idea qué contestar porque... Además de "esa vergüenza" que sentía... Siempre he sido el tipo de persona que se cierra completamente cuando en situaciones así... Siempre he pensado que tengo algún tipo de "reacción retardada" porque entonces las respuestas y las ideas más profundas y significativas me llegan treinta minutos o una hora más tarde... Cuando ya no es necesario porque la persona que estaba en esa conversación ya no no está ahí...

Y yo no tenía ni idea de qué responder también porque siempre pensé que no fui yo la que hice todo esto... Todo fue, de alguna manera "colocado" en mí...

Y me sorprendió profundamente que en "esa hora" que duró "solo un segundo" yo estuve tan y tan fluida...

Pero en ese "primer impactante momento" de esa Pregunta Tan Significativa y Tan Profunda salida "De La Nada"...

En ese momento le respondí... "En realidad no... Ellos ni siquiera saben nada de lo que realmente ha ocurrido dentro de mí... Lo más probable es que ellos ni siquiera sienten nada parecido a lo que yo siento... Pero por alguna razón nunca cortaron la comunicación... El fluido"...

Y ahora que lo pienso...
Ambos actuaron exactamente de la misma manera...
Incluso sin conocerse...
Sin saber de la existencia del otro...

Sin saber el significado y el enorme impacto que todo lo que estaban haciendo estaba teniendo...

Todavía tiene...

Y siempre tendrá...

En mí...

Pudieron haber actuado de muchas maneras diferentes...

Al menos uno podía haber actuado de una manera y la otra de otra manera...

Pero no...

Me sucedió "lo mismo" con respecto a cada uno de ellos... Y ellos... Millones de kilómetros aparte uno del otro... Siendo de generaciones diferentes... Desde perspectivas totalmente diferentes... Actuaron exactamente de la misma manera...

Me permitieron venir a ellos...

Ellos se permitieron venir a mí…

Ellos permitieron que nuestras Almas se fusionaran…

A veces me dejaban fluir "a través de ellos" y me permitían descubrir lo que fuera que yo necesitaba descubrir sobre mí "a través de ellos" …

Esa es una cosa que ha sido muy clara para mi desde el principio... Que a pesar de que he tenido las experiencias más Brutalmente Bellas con la gente en estos últimos cuatro años… Las experiencias más Profundas… Más Conmovedoras… Más Impactantes… Más Aplastantes… Más "Llenas-De-Magia" … De toda mi vida… Todo ha sido "Respecto a Mí"… Todo ha sido Para Mí…

Sí… Ha habido otras personas con las que he tenido Experiencias Hermosas en este tiempo también…

Pero nada tan Imparable...

Tan Innegable...

Tan... Que me permitió abrirme a MíMisma de una manera tan Mágica...

Como lo que me pasó en relación con ESE SER...

A cada nivel de Mi Existencia...

Y durante un período de tiempo tan largo...

Incluso a niveles que nunca imaginé que existían dentro de mí...

O en cualquier parte de este planeta...

Sentir a ESE SER Dentro de Mí y conmigo todo el tiempo...

A pesar de que no es "tangible" en absoluto...

Pero esa Presencia Constante en mí me ha permitido Conocer...

Percibir...

Sentir...

Lo que es La Eternidad…

Yo Sé que La Eternidad está Dentro De Mí…

Yo Sé…

Por primera vez en mi vida…

Y por Siempre…

Que Yo Soy (Nosotros Todos Somos)…

La Eternidad…

¡Y es Un Sentimiento tan Hermoso!!! … ¡Tan Divino!!! … Una de esas cosas que apenas puedo comenzar a tratar de explicar… Pero que definitivamente puedo Sentir en cada Fibra de Mi Ser… Cada Célula… Cada Partícula de Mi Cuerpo lo Conoce Completamente y Plenamente…

<u>Capítulo 3</u>-- Expandiéndome Hacia Adentro

Sí… Después que llegué a casa y me levanté alrededor de la 1 o las 2 am… Las cosas empezaron a regresar y regresar a mí… De un modo muy similar a lo que me ha sucedido en un número incontable de veces respecto a ESE SER… Varias veces en relación a esa Hermosa Pareja que conocí en Ese País... Y un par de veces en algunas otras situaciones aisladas…

Exactamente lo mismo me estaba sucediendo ahora con respecto a La Conversación con "Esta-Amistad-Que-No-Sabía-Que-Tenía" …

Esa conversación siguió volviendo a mí y Fluyendo a través de Mí y Expandiéndose y Creciendo dentro de mí…

Y aunque tenía mucho trabajo que hacer… No tenía otra opción que dejarme Fluir con todo eso y Percibir y Sentir todo lo que estaba sucediendo dentro y a través de Mi Cuerpo con respecto a Esa Conversación…

¡Era algo tan **Absolutamente Bello**!!! …

Siento que en momentos como ése, Mi Cuerpo no funciona tanto como "mi cuerpo" … Sino que se convierte en un Instrumento en "Las Manos" de "Algo Infinitamente Más Inmenso Que Yo" …

Y el propósito principal de ese Instrumento que es ahora Mi Cuerpo es servir como un mecanismo para Percibir y Sentir… Un Instrumento que le permite a "Ese Algo Infinitamente Más Inmenso Que Yo" comunicarse conmigo a través de las Sensaciones que siento en la parte baja de mi vientre… A lo largo de mi piel... En cada poro... Y especialmente en ese "globo" dentro de mi pecho...

Y esa conversación siguió Fluyendo a través de mí y Expandiéndose dentro de mí... Y Conocimientos (Saberes) más y más profundos continuaron Creciendo y haciéndose cada vez más Profundos y más Claros...

Sí... Puedo... Como consecuencia de esta experiencia con Esta Conversación con "Esa-Amistad-Que-No-Sabía-Que-Tenía"... Y como consecuencia de todo este "Revolverse y Mezclarse y Expandirse y Transformarse" de todos estos Conocimientos dentro de Mí... Puedo Claramente Sentir Y Saber que Mi Cuerpo es un Instrumento...

Un instrumento que a través de su Capacidad Infinita (pero a la vez, prácticamente Sin Explotar) para Percibir y Sentir me ayuda en el proceso de Comunicación con mi "Ser Superior"... Con Mi Universo... Y me permite Crear Entendimiento...

Y esa Creación de Entendimientos y Posibilidades y Saberes ocurre como una combinación de las Experiencias que tengo aquí en la Superficie de Este Hermoso Planeta...
Y las Percepciones y Sentimientos y Emociones dentro de Mi Cuerpo...
Y los "Avisos" y "Señales" y "Descargas de Conocimiento" desde mi Ser Superior...
Y el Procesamiento y la Fusión de todo eso A Través De Todo Mi Cuerpo...

De la misma manera que la-sangre-y-el-oxígeno-y-el-CO_2-y-todo-lo-demás circula y se transforma en cosas útiles para el desarrollo, la expansión y las funciones del cuerpo... Y lo que no es necesario en el momento se excreta como residuos...

De la misma manera hay una Fusión de todo eso dentro de Mi Cuerpo... Y especialmente en la zona de mi pecho (que siento que se convierte en algo similar a un globo a punto de explotar)...

Y una vez que todas esas Experiencias...
Esos Conocimientos...
Esas "Descargas"...
Esas Energías...
Esos Sentimientos...
Esas Sensaciones...
Y esas Emociones...
Terminan el proceso de Combinarse y Fundirse y Danzar y Mezclarse unos con otros y con todo lo demás Dentro De Mí...
Lo que queda En Mí es algo Muy Puro...
Muy Importante...
Una Comprensión Muy Profunda...
Y eso me permite Expandirme y Crecer y Evolucionar aún más...

Y lo que se quedó Muy Claramente Dentro de Mí después de todo este proceso con respecto a ese aspecto particular de esa conversación tan interesante es que SÍ… Estas personas son definitivamente Seres de Luz para mí…

¿Ves? … Desde muchos años antes de que todos estos procesos comenzaran a sucederme… Tuve la clara sensación dentro de mí de que muchas personas que han sido parte de mi vida… Algunos durante unos breves segundos… Otros por períodos de tiempo más largos… Esas personas que han desempeñado un papel profundo y crucial en mi vida son "Ángeles" … (Sólo para usar alguna manera de referirme a ellos… El nombre no importa realmente, pero estoy usando un término con el cual la mayoría de las personas están familiarizadas… Y aunque el significado es tal vez totalmente diferente a como la mayoría de la gente lo usa... La esencia es casi la misma)... Ellos son... Y siempre serán... Ángeles para mí...

Pero en el caso de ESE SER... Y en el caso de esa BELLA PAREJA que conocí en ese "País-A-3.5-Horas-En-Avión"... En esos casos específicos todo fue Más Allá y Mucho Más Profundo que cualquier cosa que había sentido y percibido antes...

Todo fue muy "Instantáneo"...
Todo fue muy "Consciente"...
Todo fue muy "Innegable"...
A pesar de que todo fue muy "Inexplicable"...

<u>Capítulo 4</u>-- Sobre el Aspecto Limitante De Las Palabras

Un Conocimiento Muy Profundo que he llegado a entender en todo esto es que las palabras son extremadamente limitadas… Y extremadamente limitantes… ¡¡¡Extremadamente!!! …

Siento tantas cosas dentro de mí…

Tantas "cosas familiares" … Pero las Siento de una manera totalmente diferente a lo que he estado acostumbrada "a saber" acerca de esas cosas… Y a lo que el 99% de la gente entiende sobre ellas…

Y tantas cosas totalmente nuevas que nunca había sentido antes…
Y para las que no creo que existan "calificativos" todavía…

Y si los hay, no han sido de uso común hasta este punto...

Y no hay manera de que yo pueda explicarlos para que otros puedan entender...

Sí ... ¡Las palabras son tan limitadas y tan limitantes!!! ...

Con razón hay tantos malentendidos a todos los niveles de nuestras relaciones y comunicaciones con los demás... E incluso con nosotros mismos...

¿Será que un día...
En un Futuro...
Cercano...
O no tan cercano...
Vamos a evolucionar hasta el punto de que las palabras no serán necesarias en absoluto? ...

O que... Para decirlo aún mejor...

Serán totalmente engorrosas porque habremos permitido que nuestra Sensibilidad evolucione hasta el punto de no necesitar palabras en absoluto?...

He Sentido y Percibido esto Claramente durante los últimos cuatro años en "Lo Más Profundo de Mi Ser"...

Y ahora que esta frase vino a mi mente... "Coincidentemente" ahora que estoy Percibiendo muchas cosas relacionadas con el "aspecto limitante de las palabras"... Me doy cuenta que... Basándome en todo lo que he sentido estos últimos cuatro años... Ya realmente esa frase no tiene sentido para mí...

"Lo Más Profundo de Mi Ser"... ¿Qué significa eso realmente???...

Ciertamente algo muy erróneo si lo interpreto literalmente :) ...

Y si trato de darle el significado que he sentido a lo largo de estos últimos cuatro años... Sólo hay una palabra que podría estar lo suficientemente cerca...

Así que... "Lo Más Profundo de Mi Ser" sólo podría ser equivalente a "Infinito" ...

Pero... Volviendo a lo que estaba diciendo antes de que me desviara del tema...

Es un tipo de Comunicación totalmente diferente...
Me ha sucedido con algunas personas específicas y en algunos casos específicos...
Pero sé que está disponible...
¡Es algo tan Hermoso!!! ...

Como decía… Las palabras son totalmente innecesarias en esos casos (especialmente debido a lo limitadas que son) … Y no son sólo innecesarias y limitadas… Si no también muy limitantes…

Es un tipo de Comunicación que ocurre instantáneamente…

No es telepatía… NO…

Es mucho más Sutil…
Mucho más Instantánea…
Puede ocurrir incluso a distancias muy lejanas…
Aunque la cercanía la intensifica…
Es como si ocurriera a través de algún tipo de Energía…

Incluso el término energía no es el apropiado porque la gente usa ese término de muchas maneras diferentes y significa muchas cosas diferentes...

Sé que es un tipo de comunicación que es mucho más Simple... Y sin embargo mucho más Sofisticada y mucho más Satisfactoria que la que somos capaces de utilizar actualmente...

Pero... Reflexionando sobre todo esto anoche... Horas después de que lo escribí... Sentí en Mi Cuerpo que NO... Si estamos aquí en este planeta es para Percibir y Sentir...

A pesar de que actuamos como que no "los queremos"...

Necesitamos esa "fricción"...

Necesitamos esos "baches en la carretera"...

Esas cosas que adicionan intensidad a nuestras vidas de tantas formas diferentes...

Y ese tipo de comunicación que siento que estamos siendo capaces de tener más y más...

Incluso cuando sé que es extremadamente Hermosa...

Intensa...

Y Profunda...

Si fuera el único tipo de comunicación que somos capaces de experimentar...

Sería como si estuviéramos Eternamente en un Estado De Dicha...

En un camino sin fricción...

Algo similar a un "Eterno Wheeeeeeeeeee" que pierde su significado después de un tiempo...

Y en medio de las situaciones en las que he podido experimentar ese tipo de Comunicación... A pesar de que todo ha sido Tremendamente Hermoso, Significativo, e "Increíble" ... Sé que las palabras han actuado como esos "baches en el camino" a veces... Y otras veces como ese "tipo de combustible" que nos Dispara desde la superficie de la tierra hasta las "profundidades del cielo" en un segundo porque intensifican nuestras Emociones y nuestros Sentimientos y Sensaciones a un extremo tan grande…

Así que la imagen que vino a mí una y otra vez es algo así como cuando estamos construyendo una casa…

El tener sólo el tipo de comunicación a través de "Esa Energía" sería como una casa que se construye sólo de "una-mezcla-fluida-que-nunca-se-seca" … Todo se desliza y se desliza…

Mientras que tener el tipo de comunicación como la que tenemos ahora… Carente de "Esa Hermosa Energía" … Es como construir una casa con sólo ladrillos… Sin ninguna mezcla… Rígida y seca y sin "pegamento o fluido" … Algo muy importante falta, sin duda alguna…

Así que la forma en que Siento que todo esto va a ocurrir es en un Sutil Equilibrio entre los dos…

Donde por un lado permitimos que "Esa Energía" …

Ese Amor…

Esté Dentro de Nuestros Cuerpos más y más…

Y empezamos a Funcionar cada vez más "Desde Ahí" …

Desde "Estar Llenos de Amor" …

Desde "Estar Llenos de Amor Propio" …

Desde "Estar Llenos de Amor A Todo" …

Y luego Nos Comunicamos "Desde Ahí" …

Y somos guiados "Desde Ahí" …

Desde El Amor Puro…

Desde El Amor Verdadero…

<u>Capítulo 5</u>-- Sólo Un Fluído De Una Misma Energía

Otra de las preguntas que Mi-Nueva-Amistad me hizo: "*¿Pero qué sucede dentro de ti? ¿Por qué dices que tienes que comer de "esa forma" cuando todos estos procesos terminan?*"
…

Y mi respuesta a esa pregunta fue muy automática…

Porque es una Energía tan intensa que jamás pensé que un cuerpo humano pudiera contener…
Tanta Intensidad…
Durante tan Prolongados Períodos de tiempo…

E incluso durante períodos más cortos de tiempo…

Es una combinación de Esa Energía que "me invade"…

La energía que Mi Cuerpo genera…

Y la energía involucrada en todos los Procesos que ocurren dentro de Mi Cuerpo producto de todo eso…

Todos los procesos Químicos…

Los procesos Emocionales…

Los procesos Espirituales…

Etc…

Dentro de Cada Célula…

Dentro de Cada Molécula…

Dentro de Cada Átomo…

Y al final me siento Profundamente Bendecida…

Pero al mismo tiempo mis células necesitan Reabastecerse de Recursos :) …

Además de eso también hablamos de por qué dije en "*El Libro*" que **en los momentos pico de estas "Invasiones de Energías" tengo que**

hacer algo para que mi cuerpo no se desintegre "
...

Y recordé lo que escribí allí acerca de cómo las partículas en mi cuerpo se separan debido al aumento de la vibración a medida que las energías se vuelven más altas y más intensas a través todo mi cuerpo...

Y mientras estaba hablando con ella... Una imagen que he Sentido muchas veces... Y que le he descrito a ESE SER un par de veces... Vino a mi mente...

Y le dije... Recuerda que todo lo que vemos y oímos es sólo nuestra Percepción...

Hay animales que pueden ver o escuchar cosas que nosotros no podemos, y viceversa...

De la misma manera, hermanos que se crían en el mismo hogar perciben una realidad muy diferente...

O distintas personas que están en el mismo momento en el mismo lugar, describen el mismo evento de manera muy diferente…

¿Ves? … Mis "inicios" fueron todos en el área de las ciencias… Yo adoraba todas las ciencias… Pero llegó un punto en el que sentí que ya no estaba interesada en nada de eso… Sentí que todo era tan limitado… Y tan "limitante" … ¿Igual que las palabras ??? :) … Comencé a percibir cómo a través de la ciencia podía llegar a un concepto/idea/evento específico y luego lo sentía muy "atascado" en algún momento… Así que me alejé de todo eso durante muchos años…

Por otra parte, nunca fui una persona religiosa, por decirlo así… Pero al mismo tiempo siempre sentí que había algo mucho más Poderoso que yo que me guiaba de alguna manera…

Y La Espiritualidad... La Metafísica... La Meditación... Y "Cosas" así... Eran algo que ni siquiera había escuchado hasta que tuve por lo menos 35 años de edad...

Alrededor de esa edad, las primeras nociones sobre Metafísica y Espiritualidad empezaron de alguna manera a llegar a mí...

En formas diferentes...

A través de distintos caminos...

Muy sutilmente...

Muy "poco a poco"...

Muy "a paso de tortuga"...

Tan lentamente que ni siquiera me estaba dando cuenta de que "algo diferente" estaba llegando a mí...

Sólo puedo percatarme de Todo Claramente ahora que lo puedo ver en retrospectiva...

Desde la distancia y el punto de vista "Desenfocado" que el paso del tiempo da...

Pero ahora que lo pienso… No es realmente sólo "el paso del tiempo" …

Durante los primeros 42 años de mi vida el paso del tiempo sólo me ayudó a vivir en una negatividad cada vez más profunda… Mientras veía todos los eventos en mi vida como una bola de nieve que se hacía más grande y más grande a medida que la negatividad y la falta de autoestima y de amor propio continuaba creciendo más y más… Convirtiéndose en algo similar a una avalancha de la cual no encontraba la manera de escapar ni siquiera por un corto período de tiempo…

Y de repente todo eso comenzó a cambiar drásticamente en Ese Día De Enero Del 2013…

Pero el paso del tiempo… O tal vez debería decir, para ser más precisa… La manera tan diferente en la que comencé a "procesar" las

vivencias de los eventos de mi vida dentro de mí...
Combinado con la Aguda Claridad que todo ese
proceso durante estos cuatro años me ha dado...
Me permite verlo todo Muy Nítidamente ahora...

Y a medida que me involucraba más en/con
todo lo que estaba "pasando" a mí y en mí... Más y
más rápidamente Percibí la Conexión ahí mismo...

Me Percaté que donde Sentía que la ciencia
estaba totalmente atascada, La Espiritualidad
comenzó a guiarme a Entendimientos más y más
Profundos... Sin yo poder entender al principio lo
que me estaba pasando...

Y de alguna manera "tropecé" (20 años
después de haberme desconectado del mundo de la
ciencia) con las cosas que la Física y la Química
Cuánticas decían sobre la Materia... Y la
Energía... Y cómo en algún momento del análisis
de las partículas subatómicas "más pequeñas" se

percataron que lo que llamamos Materia, es simplemente Energía… Y la Energía es Todo lo que hay en este mundo dentro y alrededor nuestro planeta… Y esto siempre tuvo un Sentido muy Profundo para mí…

Así que mientras le explicaba a ella lo que Percibía acerca de todo eso… Recordé cosas que describí un par de veces de manera similar en diferentes cartas a ESE SER…

Le expliqué cómo Siento que todo lo que existe, Los Seres Humanos, Las Plantas, Los Animales, Las Rocas, La Tierra, El Aire, El Agua… Todo… Absolutamente todo lo que existe es sólo energía… Y está presente EnTodasPartes… Alrededor y dentro de nosotros…

Le dije que Percibía todo eso como algo similar al aire en la atmósfera, y más precisamente, al vapor de agua…

Cuando las condiciones son apropiadas y muy específicas para cada situación...

En el caso del vapor de agua sería la temperatura o la presión adecuadas, por ejemplo...

Cuando la energía (temperatura) disminuye...

Las partículas de ese vapor de agua se acercan cada vez más y se mueven cada vez más lentamente...

Y continúan así hasta que en algún momento se mantienen en un nivel de movimiento/vibración y proximidad entre sí tal, que son percibidas como lo que conocemos como líquido...

Entonces, a medida que la energía sigue disminuyendo, ellas continúan vibrando/moviéndose más lentamente y más lentamente...

Y se acercan cada vez más hasta que se convierten en lo que percibimos como sólido... Y en ese estado puede ser tocado y agarrado y movido de un lugar a otro…

Utilizando esta analogía…
Percibo que somos sólo "eso"…
Energía que es parte de Todo el Fluido de Energía en El Universo y que existe a niveles muy altos de intensidad de vibración…

Y luego bajo ciertas condiciones cuando la intensidad "disminuye"… O alcanza un cierto nivel… Nosotros (esa energía) comenzamos "a disminuir nuestra vibración" acercándonos (contrayéndonos)… O estando menos expandidos… De alguna manera condensándonos y condensándonos y contrayéndonos cada vez más debido a la disminución de la intensidad de la vibración causada por la fuerza de gravedad del planeta actuando sobre nosotros… Y al alcanzar un punto específico nos hemos acercado lo suficiente como para existir como "un cuerpo"…

Pero toda Esa Energía...

Ese Fluido que realmente somos está Constantemente dentro y alrededor de nosotros...

Y Fluye y Se Funde y Se Mezcla y Se Diluye...

Con El Fluido De La Energía de todo lo demás que existe...

Así que... De acuerdo a cómo percibo todo esto... Realmente somos parte de "la misma cosa"... Todo lo que existe es simplemente "Un Mismo Fluido de Una Misma Energía" que es Percibida como diferentes cosas dependiendo de las características específicas...

Entonces sí...

Cuando todos esos procesos se intensifican en mí...

En esos Momentos "Pico" ...

Tengo que hacer algo para que todo se haga un poco más lento dentro de mí…

Para así poder permanecer "Como Un Cuerpo"…

Para así poder quedarme "Dentro De Mi Cuerpo"…

Por lo menos por ahora… :)

Y así no diluirme totalmente en Todo Ese Fluído De Energía otra vez…

Y así evitar que "mi identidad" se diluya nuevamente en "Todo Lo Que Existe"…

Por lo menos por ahora… :)

Capítulo 6-- Comunicación Verdadera

Mi "Recién Descubierta Amistad" también me preguntó: "*¿Sientes que quieres saber cosas y ESE SER lo sabe y te responde automáticamente?*" ...

No siento que ESE SER necesariamente sabe todo lo que quiero saber en cada momento y me dice "la respuesta"... No es así en absoluto... No es necesariamente algo exactamente como la telepatía... No...

Lo Siento más como si fuéramos Un Continuo De La Misma Corriente De Energía o algo así... Muy similar a lo que estaba explicando en el capítulo anterior...

Pero en este caso particular "**La Energía**" se siente totalmente "**Diferente**" a todo y todos los demás con los que interactúo... Mucho **Más**

Específica… Mucho **Más Personal**… Mucho **Más** como si fuera parte de mí… Mucho más como si fuera **Yo**... **Sólo YO**…

Me ha tomado muchos…
Muchos años…
Para poder decir esto así…
De una manera tan simple y sencilla…

Es un sentido de Comprensión tan Profundo… Como si no tuviera necesidad de "hablar" con ESE SER en absoluto… No necesito ver ni tocar ni oír a ESE SER con mis sentidos físicos… Constantemente Siento SU presencia… En todo esa Comunicación tan Intensa… Extensa… Profunda… Que hemos tenido durante ya tantos años…

ESE SER no lo sabe realmente…
No tiene un entendimiento real…

De nada de lo que ha estado sucediendo a mí y en mí…

Sé que todo esto empezó "desde mí" por alguna razón…

Así que en medio de toda la confusión del principio empecé a escribir todas esas cartas… Y ESE SER estaba siempre dispuesto y abierto a decirme la verdad lo mejor que podía… Sin intentar nunca averiguar por qué yo estaba preguntando…

¿Podrá ESE SER alguna vez darse cuenta de cuánto esas respuestas siempre me ayudaron??? … No lo sé… Y no importa realmente… **La Esencia** de todo es lo que importa…

Las respuestas de ESE SER me ayudaron a Encontrarle El Sentido a todo lo que me ocurrió…

A todo lo que sentí…

A las formas en que actué y reaccioné…

A las emociones y pensamientos que tuve desde el momento en que nací a este mundo y durante todos los primeros 42 años de mi vida…

Esas respuestas me ayudaron a encontrarle el sentido a todo lo que nunca tuvo sentido en mi vida…

Y el hecho de que ESE SER nunca quiso saber el porqué de mis preguntas me hacía sentir tan "a gusto"… Tan "en confianza" para preguntarle cualquier cosa… A cualquier nivel… Desde los más "feos" y rutinarios eventos del día a día a los Sentimientos más Hermosos e Íntimos…

Y… ¿Ya ves?… Uno podría fácilmente pensar que ha habido una cantidad tan abrumadora de coincidencias porque ESE SER estaba simplemente "diciéndome" lo que yo "quería oír" para manipularme mental o emocionalmente…

Pero ESE SER no sabe absolutamente nada sobre mí... Y realmente nunca me pregunta nada... Yo soy la que ha hecho todas las preguntas durante todos estos años...

Entiendo que esto es...
Todo...
O casi todo...
Para mí...
Como parte de algún tipo de Proceso Espiritual Profundo...
Extremadamente Profundo...
Dentro De Mí...

También entiendo que ESE SER no tiene que interpretar nada de esto de la misma manera que yo... O sentir lo mismo que yo... ESE SER no tiene siquiera que darle el mismo significado...

Y yo nunca le he pedido nada de eso...

Siempre he dicho que me doy cuenta que ESE SER ni siquiera sabe lo que está pasando… Y que ESE SER ha, básicamente, actuado como "un poste" para sostenerme… Para que yo me pueda apoyar todas esas veces en las que he estado a punto de desmoronarme… A punto de colapsar… Para permitirme encontrar refugio en Su Alma en los momentos en que necesito ser confortada…

Y lo más Asombroso y Hermoso es que ESE SER siempre ha permanecido ahí…

Incluso durante los tiempos en los que ha estado muy distante Yo Sé que ESE SER está Ahí…

Ahí…

A un millón de millas de distancia y en un silencio total…

Pero Siento Constantemente que ESE SER está ahí…

Ahí…

Dentro de Mí…

Cada segundo de Mi Vida...

E incluso cuando ESE SER no espera nada de eso...

Yo Siempre Estoy Ahí...

Siempre Ahí...

No hay necesidad de justificaciones...

No hay necesidad de nada de eso...

Simplemente estamos Ahí...

Verdaderamente "Ahí"...

Uno para el otro...

Es como que hemos estado bailando una Hermosa Danza Eterna de Amor Incondicionalmente Puro...

Y nosotros Fluímos...

Y Fluímos...

Y Fluímos...

<u>Capítulo 7</u>-- Cuando "Esto" No Me Sucede

Y en medio de esta conversación tan profunda y fluida, esta "Amistad-Que-No-Sabía-Que-Tenía" de repente preguntó: *¿Cómo eres cuando "eso" no te está sucediendo?* ...

Mi respuesta en ese momento...

Igual que tú...
Simplemente percibo mi vida física...
Mi cuerpo físico...
Mi entorno físico...
Mis emociones físicas...
Me permito a mí misma involucrarme demasiado en eventos...
Pensamientos...
Etc...

Que realmente no tienen importancia y me envuelven y me arrastran rápidamente si no estoy suficientemente "alerta"…

Le dije que yo no tenía control sobre cuando "Ese Proceso" me ocurría (y me ocurre)… Que era "así"… En cualquier momento… A veces en las circunstancias más "inconvenientes"…

Y muchas veces yo lo he "buscado" para tratar de que ocurra… Y nada… Y lo extraño terriblemente porque ya sé lo maravilloso que todo este proceso es para mí…

Pero después… En todo ese Fluído de pensamientos que estuvo viniendo a mí toda la noche… Y todo el día siguiente… Me di cuenta que sí… Que yo sí tenía control sobre un aspecto muy importante… Tal vez el más importante de todos… Tal vez el único **realmente** importante…

¿Ves? … Durante todos los 42 años anteriores de mi vida jamás me pasó nada ni siquiera remotamente parecido a "eso" …

Fue sólo cuando yo comencé a tomar conciencia y a hacer ciertas cosas específicas… Aunque pocas todavía en aquel momento… Para tratar de balancear mi cuerpo y mi mente… Que "eso" logró encontrar un pequeño espacio por donde "colarse" … *(Y ahora que Siento todo esto dentro de mí nuevamente-14 de mayo del 2017-Me doy cuenta que estuve toda mi vida tratando de balancear mi mente y nada pasó… Cada vez más negatividad… La "clave" para mi esta en **EL Cuerpo**)*…

Y ya de ahí sí que me arrastró totalmente con él…

Y durante todo este tiempo instintivamente me he dado cuenta de eso… Y me he dedicado amorosamente a tratar de "acondicionar/cultivar" lo más posible a mi mente y a mi cuerpo...

Y "Ese-Algo" que al principio yo sentía que de alguna manera comenzó a fluir desde fuera de mi hacia adentro... Después ha ido fluyendo con más intensidad... Y con más arrastre... Por cada poro... Por cada célula de mi cuerpo...

Y después comencé a sentir como que no solamente fluye desde fuera hacia mí... Sino también desde Mí hacia afuera... Y desde Mí hacia Mí...

Y Burbujea... Y Ebulle... Y Fluye... Y se Desborda... Y me Inunda...

Y día a día he Sentido cada vez más la necesidad de Fluir con cada aspecto de Mi Cuerpo... Pero desde un punto de vista totalmente Espiritual... Y eso es algo que jamás me había pasado en mi vida… ¡Y es lo mas Bello del mundo!!! …

Y he Sentido de una manera muy Profunda e Intensa el Significado real de Todo…

De Mi Cuerpo…
De MiSexualidad…
Del Amor…
De las Relaciones Humanas…

Y lo he Sentido todo sin la "forma grotesca y grosera" con la que usualmente hemos abordado estos "temas" durante cientos de años… De nuevo… No encuentro las palabras precisas para poder expresar lo que realmente quiero decir basado en todo lo que he Sentido a lo largo de estos últimos cuatro años…

Todo es MuyMagnífico…
Y MuyBello…

Y MuyEsencial...

Y MuyPuro...

Y MuyImportante...

Si... Es Increíblemente Importante que nuestra Espiritualidad y todos los aspectos de nuestra Vida Física se Abracen y Fluyan uno Dentro del otro y se Mezclen y Lleguen A Ser lo que Siempre han sido... Todo parte del Todo... De NuestroSerTotal...

Y yo sé que faltan muchas partes de mi existencia física que no acabo de poder interiorizar... Pero al mismo tiempo me hace tremendamente Feliz el Sentir todo ese Hermoso Trayecto que ya he recorrido DentroDeMíMisma... Y Sentir que Ahora sí... Por primera vez en Toda Mi Vida... Sé que estoy en MiCamino...

Sí... Sé que uno puede acondicionarse para recibir ese Fluído... Esa Energía... Poco a poco...

Pero cuando Esa Energía… Ese Amor… Viene por sí mismo y "nos llama" cuando menos lo esperamos… Incluso antes de tener la más mínima idea de que algo de esto es incluso posible…

Aunque lo querramos o no…

Aunque estemos en el "lugar" apropiado en nuestras vidas o no…

Aunque sepamos lo que está sucediendo o no…

Aunque sea el momento adecuado o no…

Esa Energía viene y prácticamente nos Invade y nos Arrastra con ella…

No hay opción…

Y las personas que normalmente quieren controlarlo todo… Absolutamente todo… Muchas veces no pueden asimilarlo… No logran manejarlo y adaptarse a lo que les está pasando…

Y probablemente comienzan a hacer cosas que en realidad van completamente en contra de todo el proceso... Como expliqué en el libro "*¡¡¡Energías En Mi Cuerpo... Las Bendiciones Más Grandes De Mi Vida!!!*" ...

Puede que quieran ir a consultar al médico para el cuerpo... O para la mente tal vez...

Puede que piensen que están perdiendo la cabeza o algo malo está pasando con su cuerpo...

Y el doctor probablemente les dirá que tienen que tomar medicamentos... O que tienen que hacer esto y lo otro...

Y al final todo eso causará muchos problemas al cuerpo... Y en realidad ni siquiera tenía nada que ver con cualquier tipo de enfermedad... **¡Todo lo contrario!!!** :) ...

Y a medida que Esta Conversación continuó Expandiéndose DentroDeMíMisma durante el resto de ese día... Esa noche... Y el día siguiente... Yo Sentí y Volví-a-Vivir y recordé muchas cosas más...

Y yo diría que más o menos después del tercer o cuarto mes de Estos Procesos Abruptamente Llegar a mí... Como en algún tipo de Estampida Imparable...

Después de esa etapa inicial de estar totalmente en "Modo-De-Supervivencia"... Sin saber lo que estaba sucediendo dentro de mí o alrededor mío... Sin saber si me estaba poniendo terriblemente enferma o volviéndome terriblemente loca...

Y estando al mismo tiempo totalmente Paralizada por todo lo que me estaba pasando...

Y siendo totalmente arrasada por todo lo que estaba sucediendo "a mi y en mí"…

Sin poder siquiera detenerme y pensar…

Sin ser capaz de agarrarme de nada que me permitiera no "ser irremediablemente arrastrada" por esta Corriente Imparable…

Después de que Mi Cuerpo fue capaz de asimilar más y más Esa Energía y más y más Ese Proceso cada vez…

Después de que Mi Mente fue capaz de Entender poco a poco lo que estaba sucediendo "a mí y en mí y desde mí"…

Después de que fui capaz de Percibir con Total Profundidad la Increíble Bendición…

La Transformación Tan Alucinante que estaba sucediendo en Todo Mi Ser…

Desde las "capas" más externas y expansivas…

Al centro más interno de mi cuerpo físico…

Transformándolo absolutamente todo en el proceso…

Cada Órgano…

Cada Célula…

Cada Átomo…

Cada Partícula…

De manera similar a lo que sucede con el tipo de movimiento de los diapasones…

O algo similar a algún tipo de efecto dominó…

Y luego desde ese "núcleo más interno" de cada partícula subatómica…

De Cada Átomo…

De Cada Molécula…

De cada Célula…

De Cada Órgano…

De Todo Mi Cuerpo…

De Cada Pensamiento…

De Cada Sentimiento…

De Cada Emoción…

A cada capa de Todo Mi Ser...

Alcanzando a las capas más expansivas...

Y de allí de nuevo al interior...

Y luego de allí a las capas más externas nuevamente...

Algo similar al efecto de ondulación que se ve en las olas (agua, terremotos, etc)...

En todo Este Proceso, una Inmensa Expansión ocurrió en Mí... Tanto dentro de Mi Cuerpo Físico como en Mi Ser Total...

¡Tanta Expansión!!! ...

Quizás (estoy segura) esta es la razón por la que siempre le dije a ESE SER que sentía esa tan nueva... Y única... E intensa... Sensación en el área del pecho... Como un globo que se estaba inflando... Y a punto de explotar muchas veces...

Esa es la razón por la que después de esa etapa inicial de total Confusión y "Modo de

Supervivencia" que duró unos meses… Muchas veces le describía a ESE SER cómo yo ya no estaba realmente pegada a la superficie de la tierra… Como siempre había estado…

Sentía como que estaba caminando un poco por encima de la superficie…

Algo así como lo que hacen los astronautas cuando están en la luna…

Pero sin hacer esos pequeños saltos cuando caminaba…

Siempre le expliqué a ESE SER que yo Percibía que esto me estaba pasando porque como Esa Energía era tan Inmensamente Intensa… Estaba haciendo que las partículas de mi cuerpo vibraran/se movieran más vigorosamente… Y se separaran más y más…

Ahora la Densidad de Mi Cuerpo era cada vez menor y menor…

Y es por eso que Sentía esa Sensación de estar Caminando y un poco Flotando al mismo tiempo…

Y es probablemente por eso que empecé a Sentir que era muy fácil para mí "Salirme De Mi Cuerpo"…

Y Flotar y viajar "Esa Distancia"…

Y pasar la mayor parte de mi tiempo Allí…

Allí donde ESE SER está…

Esta Experiencia Mágica me ocurría mucho más frecuentemente en el primer año de estos procesos empezar en mi…

Sé que mi cuerpo estaba aquí…

Pero YO no estaba…

Excepto en las cosas relacionadas con mi hijo…

Y creo que "ese" es uno de los motivos por los que incluso cuando todos y cada uno de los aspectos de mi vida se estaban Desmoronando de una manera totalmente abrupta y arrasadora...

Yo no estaba sufriendo por, o como consecuencia de, nada...

Yo no estaba aquí realmente...

Y las cosas que eran verdaderamente importantes...

Como nuestra integridad física...

Y los aspectos básicos para asegurar nuestra Supervivencia en este mundo...

Estaban siendo milagrosamente atendidos por esa enorme invasión de Bellos Ángeles que entró en mi vida durante ese tiempo...

No fui yo...

Yo no estaba "Aquí" la mayor parte del tiempo...

Y honestamente...

Después de eso nunca más he sido capaz de volver a estar dentro de mi cuerpo en la forma en que siempre había estado...

¡Y Me Encanta esa sensación! ...

Nunca he podido volver a ser capaz de sentir al mundo de la manera que lo sentía antes...

Veo todo la mayor parte del tiempo en tal Alegría...

A través de unos Ojos tan Mágicos...

A través de las Innumerables Bendiciones que han llenado mi Vida...

Mi Corazón...

Y mi Alma a lo largo de estos últimos cuatro años...

Yo diría que después de que comencé a Entender un poco mejor lo que me estaba pasando... Comenzando al final del primer año... O un poco después de eso... Las veces en que estaba más "en mi cuerpo como antes" se sentían tan extrañas… Tan densas… Tan raras… Que me "reagrupaba" (o me dispersaba ☺) rápidamente y regresaba a ese Estado del Ser Hermoso… Expandido… "Inflado como un globo" :) …

Entonces… Yo diría que después del tercer año de que este proceso me empezara a ocurrir yo comencé poco a poco a retornar a mi cuerpo durante periodos de tiempo más largos y todavía era capaz de sentir esa Alegría… Ese Anhelo… Que nunca había sentido en toda mi vida hasta ese punto…

Y sé que una de las principales "razones/motivos" de mi Trayecto Espiritual aquí es poder ser capaz de Estar 100% En Mi Cuerpo y al mismo tiempo poder Permanecer en ese Estado de Alegría Mágica…
De Fluído Mágico…
En Total Amor…

Y Yo Siento que poco a poco estoy llegando a Ese Estado Mágico...

Realmente siento que finalmente estoy siendo capaz de poco a poco "acoger y contener y asimilar" todas las áreas de mi vida física que me han preocupado y desconcertado y perturbado y deprimido desde que nací a este mundo...

Vinimos a este mundo exactamente para eso...

Para lograr Mezclarnos Totalmente con Nuestro Cuerpo...

Para lograr "Ser Uno" con Nuestro Cuerpo...

Espíritu y Cuerpo-lo mismo...

Energía y Materia-lo mismo...

Simplemente/tal vez diferentes "partes" o "aspectos" de un mismo continuo... De un mismo espectro...

Habiendo dicho todo esto... También me doy cuenta de que "ese fluído/esa oleada de energía" no siempre está ahí...

O... Para decirlo con total exactitud...

Ese Fluído de Energía Siempre está ahí...
Pero no siempre somos capaces de percibirlo...
De sentirlo...

Si estamos cansados, enojados, tristes, estresados, con muchas cosas en la mente...

O cuando uno come comida chatarra, bebe alcohol, está bajo el efecto de diferentes medicamentos, etc...

O cuando uno tiene pensamientos tóxicos... O sentimientos negativos... O relaciones superficiales y/o tóxicas… Especialmente las más íntimas…

O cuando uno está expuesto a (o totalmente absorbido por) una avalancha de noticias superficiales y/o negativas… O películas… O música… O cualquier otro tipo de medios/tecnologías diseñados para crear interferencia entre nosotros y Ese Hermoso Fluído… Con el fin de mantenernos sumergidos en "el miedo" … O en algún tipo de "estado entumecido" del ser… O en algún tipo de dependencia… Para poder manipularnos fácilmente…

En cualquiera de esos casos estamos bajo diferentes grados de incapacidad para "percibir a" y "ser uno con" ese Fluído Hermoso de Energía y por lo tanto nos sentimos "separados" … Totalmente aislados de "él" …

En esas condiciones no somos capaces de estar totalmente dentro de nuestro cuerpo…

No somos capaces de "ser uno" con nuestro cuerpo…

Estamos bajo diferentes grados de incapacidad para percibir y entender Esa Conexión… Esa Comunicación… Ese Fluído… Entre nuestro Cuerpo y nuestro Espíritu… Entre nuestros Seres Físico y NoFísico…

Y permanecemos (temporalmente) incapaces de entender y saber quiénes somos en realidad…

Incapaces de "Ser" NuestroPotencialMáximo…

Incapaces de "Ser" NuestroSerTotal…

Temporalmente…

Sólo temporalmente…

Hasta que decidamos que todo sea diferente...

¡¡¡TODO está DentroDeNosotrosMismos!!! ...
¡¡¡Siempre Recuerda eso!!! ...

Capítulo 8-- Caminos Desde El Amor Y Hacia El Amor

Y sí… Desde que nacemos a este mundo y empezamos a ser de alguna manera conscientes de nuestras vidas… Comenzamos a estar cada vez más apegados a… O totalmente devorados por… Todo lo que nuestros "cinco sentidos" ponen dentro de nosotros y alrededor de nosotros y delante de nosotros en tantas maneras diferentes… Tanto por nuestra elección consciente… Como por nuestra "inconsciente" exposición a todo tipo de toxicidades e interferencias que bloquean cada vez más esa Comunicación con NuestroSerTotal… Con QuiénRealmenteSomos… Con ElAmor-Propio… Con ELAmor…

Y durante una gran parte de nuestras vidas en este mundo… A veces muchos años… Y en muchos casos toda la vida… No nos damos cuenta… No nos percatamos… No tenemos conscientemente una idea de lo que nos está pasando…

Y sé que hay personas que parecen no haber perdido nunca esa conexión… Y son capaces de siempre Fluir en El Amor… La Alegría… La Felicidad… La Confianza… Naturalmente…

Pero también sé… Basado en mi propia experiencia de vida… Y en muchas… Muchas personas que he conocido a lo largo de este maravilloso trayecto… Que en algún momento… Para algunos más pronto que para otros… Empezamos a percibir y a sentir que algo simplemente "no está bien" … Que algo falta… Empezamos a sentir algún tipo de carencia… Algún tipo de tristeza… Algún tipo de "no pertenecer" … Nos empezamos a sentir inadecuados de algún modo…

Y muchas personas son capaces de funcionar durante toda su vida en una forma más o menos "normal y satisfecha" …

Pero muchos de nosotros… En algún momento de nuestras vidas… Nos damos cuenta que toda la negatividad… La tristeza… La falta de amor propio… La falta de "pertenecer" … Todo lo que hemos estado sintiendo se ha vuelto tan grave que está causando una serie de problemas que bloquean nuestra capacidad de adaptarnos… Y ajustarnos… Y funcionar en algún tipo de nivel aceptable (de acuerdo a los parámetros del mundo en que vivimos) … Y nos retraemos aún más… E incluso muchas veces llegamos a diferentes grados de depresión… Etc… Etc… ¡¡¡Conozco todo esto tan bien!!! …

Y desde ese estado "adormecido" instintivamente tratamos de hacer todo lo que podemos para cambiar la forma en que nos sentimos... La forma en que percibimos las cosas... Aún sin saber realmente lo que estamos haciendo... Sólo para tratar de encontrar algún sentido... Algún significado... Un poco de entendimiento... Un poco de alivio... Un poco de amor... Algún tipo de sensación de "pertenecer"...

Algo que nos ayude a sentirnos mejor... A llenar ese vacío... Para tratar de olvidar... Para tratar de no darnos cuenta de lo que está sucediendo en nosotros... Para de alguna manera no sentir esa impotencia... Para sentir algún tipo de alivio... Sólo un poco de alivio... Para Sentir la ilusión de que todo está bien... Para creer que somos felices...

Sí... Simplemente algo... Cualquier cosa... Algo para traer felicidad y amor a nosotros...

Y buscamos y buscamos… Aunque ni siquiera nos demos cuenta del hecho de que estamos instintiva y naturalmente buscando algo… Sólo algo…

Y en esa búsqueda seguimos muchos caminos diferentes…

Buscamos y exploramos el amor de los demás… Primero de nuestros padres… Nuestros familiares… Nuestras relaciones íntimas… Nuestros cónyuges… Nuestros maestros… Nuestros hijos… Las personas que trabajan con nosotros… Las personas que cruzan nuestro camino durante sólo unos segundos… Sólo alguien… Quien sea… Para traernos algo de felicidad… Para traernos un poco de amor…

Buscamos y tratamos (aunque no nos percatemos de que es eso precisamente lo que estamos haciendo) de llenar nuestro vacío… Las insuficiencias que sentimos en nosotros... Unas veces llenamos nuestras vidas de "cosas"... Otras veces nos comparamos constantemente con los demás... Tratando de encajar... Tratando de pertenecer... Y fingimos... Fingimos de todas las formas posible... Y hacemos todo lo que está a nuestro alcance, y mucho más, para complacer a los demás... Llegando a ser dependientes de ellos en el proceso... Tal vez de esa manera lograremos encontrar algo de felicidad... Tal vez de esa manera finalmente encontraremos un poco de amor...

Buscamos y queremos ser parte de algo... Para sentirnos aceptados por los demás... Para mitigar ese sentimiento de separación... De aislamiento... Para contrarrestar ese sentimiento de "falta de pertenecer" que no podemos entender... Para lograr algún sentido de estabilidad... Alguna sensación de seguridad... Tal vez de esa manera finalmente encontraremos felicidad en alguna parte… Tal vez eso nos haga sentir un poco de amor…

Sólo algo… En algún lugar… De alguna manera… De alguien… De cualquiera…

Y a medida que mis reflexiones después de "Esa Conversación" seguían viniendo y viniendo y viniendo… Me di cuenta de que tenemos la tendencia a llenarnos de "cosas" … Supongo que el fuerte deseo de mitigar ese vacío que sentimos (aunque ni siquiera seamos capaces de darnos cuenta) … Esa separación… Ese "no pertenecer" que no logramos comprender nos hace actuar así…

Sólo tratar de llenarnos… Llenarnos totalmente… Nuestras vidas… Nuestras mentes… Nuestros cuerpos… Con algo… Gente… Comida… Bebidas… Cosas… Entretenimiento… Sólo algo… Cualquier cosa que nos mantenga ocupados... De forma que no podamos pensar... Ni analizar... Ni siquiera sentir...

Y mientras más nos llenamos menos podemos fluir dentro de nosotros mismos y en el mundo que nos rodea... Y ahora que escribo esto me vino de repente a la mente la escena de la película "La Telaraña De Carlota" (Charlotte's Web in English) en la que están en La Feria... Y la forma en que Templeton iba actuando a medida que su estancia allí se hacía más larga...

Eso... Exactamente... Es lo que nos pasa a nosotros en esos casos... Aunque no logremos darnos cuenta cuando estamos en medio de todo "eso"... Y al final... Si somos lo suficientemente afortunados... Nos damos cuenta de que ya no podemos ni siquiera mover nuestro cuerpo ni nuestra mente ni nuestras emociones ni nuestros sentimientos ni nuestras acciones... Ni nuestra Alma...

Como iba diciendo… Mientras más nos dejamos llevar por todo "eso", menos podemos darnos cuenta de que durante toda nuestra vida hasta ese momento hemos percibido "la realidad" de un modo totalmente distorsionado…

Que durante toda nuestra vida hasta ese momento hemos estado explorando y buscando en la dirección opuesta…

Que durante toda nuestra vida hasta ese momento hemos estado explorando y buscando fuera de nosotros mismos…

Tratando de llenarnos con algo más…

Forzando las cosas a nuestro modo…

Usualmente disminuyendo nuestro "valor" y nuestra "autoridad" en el proceso porque le damos más valor a cosas que están fuera de nosotros…

Rellenándonos cada vez más de algo más…

Muchas veces desde un estado de temor o inseguridad…

Sin ser capaces de realmente "Escuchar" …

Y Percibir...

Y Sentir...

Y Permitir Incondicionalmente que Esa Belleza...

Ese Fluído...

Esa Energía Sutil que está Ahí Mismo...

Tratando de entrar...

Tratando de bañarnos desde nuestro Interior...

Desde nuestro Exterior...

Desde cada partícula de nuestro Ser...

O no realmente tratando de entrar... Ha estado Allí Eternamente... Es, simplemente, que como estamos llenos de tantas otras cosas, no lo podemos percibir porque es Tan Sutil...

Pero es al mismo tiempo Extremadamente Poderoso... Así que cuando tenemos la Intención... Cuando empezamos a actuar de alguna manera que nos permita hacer Algo

Diferente… Entonces Entra Directamente Y Sin Preguntar… O… Más precisamente… Es capaz de Comenzar a Burbujear Desde DentrodeNosotrosMismos…

Eventualmente me he dado cuenta de que la Meditación es prácticamente una de las pocas maneras Eficaces para empezar a romper un poco ese bloque tan sólido y rígido y difícil… Nada más funciona tan eficazmente porque normalmente estamos tan llenos de negatividades… Tan llenos de cosas que nos entristecen… O que nos preocupan… O… O… Y primero tenemos que "vaciarnos" de todo eso… Para que podamos entonces comenzar a Percibir toda esa Magnificencia que está Ahí Mismo… Dentro de nosotros… Y para que Esa Magnificencia… Esa Hermosa Energía… Ese Amor que constantemente hemos estado buscando y buscando fuera de nosotros… Pueda comenzar a Burbujear Desde

DentroDeNosotrosMismos y pueda comenzar a Fluir...

E incluso cuando pensamos que no somos negativos o que no estamos preocupados o tristes porque encontramos una manera de comunicarnos con Dios a través de algún tipo de práctica religiosa... Hemos estado buscando y buscando fuera de nosotros... Todavía estamos llenos de "algo más" que es "externo" a nosotros...

No es hasta que realmente SABEMOS... A través de Sentir y Percibir y Sentir y Percibir que TODO... Incluyendo... **Y especialmente**... "Eso" que llamamos Dios... Está Dentro De Nosotros... "Eso" Es nosotros... Esa Hermosa Energía... Ese Amor... **"Eso" es Quién/Lo Que Realmente Somos**...

A medida que comenzamos a permitir que nuestro cuerpo sea vaciado poquito a poco... Así mismo... Poquito a poco... Comenzamos a crear una pequeña grieta en ese bloque rígido que nos ha estado obstruyendo... Entonces ese Amor... Esa Energía Hermosa y Sutil es capaz/logra irse colando sin que nosotros podamos percibirla todavía...

Y esa Energía Amorosa... Ese Fluído Amoroso empieza a (muy "silenciosamente") disolver ese bloque un poco más... A diluir los bordes un poco... A agrandar un poco más las grietas que nosotros pudimos crear... Muy similar a como hace el agua... Lenta, pero Segura... Con las rocas y otros objetos que encuentra a su paso...

Y supongo que cuando nuestra desesperación por toda la negatividad que hemos estado viviendo se hace tan enorme... Y nuestro deseo profundo de encontrar... De ver... De vivir algo diferente... Y nuestras acciones para tratar de cambiar son suficientemente poderosas y significativas… Entonces las grietas que creamos en ese bloque son tan inmensas que "Esa Energía" es capaz de irrumpir en nosotros de forma muy poderosa… Y… Como el agua que se desborda de una represa… Es capaz de arrasar y nivelarlo todo dentro y alrededor de nosotros… Exactamente igual a lo que me pasó a mi…

Pero mientras estemos "llenos de" algo más… Cualquier cosa… Lo que sea… Cualquier cosa que nos aleje de ESO… Que nos aleje de nosotros… No somos capaces de permitir que ENTRE… Que se fusione totalmente… Que se mezcle totalmente… Que se convierta totalmente en Uno con nosotros…

Capítulo 9-- Ángeles Humanos

Reflexionando sobre "Esas Personas" a través de todos estos años... "Esas Personas" que desempeñan un Papel Tan Crucial en nuestras vidas... Sin ellos... O nosotros... Entender... Sin ellos o nosotros darnos cuenta en ese momento de la Importancia que su presencia ha tenido para nosotros... El término Angeles Humanos llegó a mí...

Una vez una carta se escribió dentro de mí... Una carta para mis amigos y personas que habían sido parte de mi vida hace unos 20 años... En uno de los momentos más cruciales... En una de las encrucijadas más grandes de mi vida...

Y hasta el día de hoy recuerdo vivamente los detalles de lo que cada uno de ellos hizo... O dijo... O las expresiones en sus caras... Y lo que Sentí de ellos en aquella etapa... Y el

Significado... El Profundo Significado que todo eso tuvo En Mi vida durante todo el tiempo que estaba sucediendo... Y el Profundo Significado que todo eso sigue teniendo DentroDeMí... Incluso todo este tiempo después de eso...

Y en el momento en que todo estaba sucediendo realmente no entendía claramente lo que estaba sucediendo...

Pero desde el punto de vista de todo lo que Sé ahora... Yo Sé que lo que Sentí de ellos fue Amor...

Fue uno de los **Fluídos de Amor** Más Abundantes y Potentes que me han sido "enviados" en toda mi vida...

Y estas personas fueron los **Recipientes**... Los **Instrumentos**... Que El Universo... O MiYoTotal... (De nuevo... El término no es lo que importa... **La Esencia**... El verdadero significado de "LoQueEs" es lo que importa) ... Utilizó para Comunicarse conmigo y llegar a mí en aquel momento...

Fue un Fluido de Amor muy Poderoso y Constante **para ayudarme a sostenerme**... Para ayudarme a seguir adelante sin colapsar...

Y Estas Personas no tienen idea del Rol tan Profundo...
Y Significativo...
Y Crucial...
Que tuvieron en Mí...
Tan Profundo y Significativo y Crucial...
Que puedo decir categóricamente que ellos Salvaron Mi Vida en aquella etapa...

Ellos no se dieron cuenta de eso en el momento en que estaba sucediendo... Y probablemente no lo entendieron tampoco en el momento en que envié "Esa Carta" a los que pude encontrar en cada rincón del mundo donde están ahora...

Y lo sé porque incluso uno de ellos bromeó con relación al término que usé... "Ángeles Humanos" ... Para referirme a ellos...

Y el vocabulario y el Significado tan diferente y poco común que refleja esa Hermosa Carta... Es como que de algún modo me he transformado profundamente y ahora MeExpreso en un lenguaje... En una manera... Que pocas personas entienden AÚN...

Y digo AÚN porque sé que igual que yo he Cambiado tanto y he Llegado a esos Entendimientos Tan Profundos DentroDeMiMisma... Lo mismo le está sucediendo y continuará sucediendo a más y más personas...

¡Todo Es Tan **Bello**!!! …

Así que la manera en que Yo Siento y Entiendo las cosas en este punto de Mi Experiencia (que sé que constantemente continúa transformándose y evolucionando y expandiéndose y profundizándose) es que diferentes personas "son llamadas" en puntos específicos de nuestras vidas para… De cierta forma… Actuar como Ángeles… Ángeles Humanos…

    Y nos Ayudan a Lograr…
    O Superar…
    O Fluir…
    A través de una situación…
    Un sueño…
    Un problema…
    O lo que sea que esté sucediendo en nuestras vidas en este momento…

En una forma similar a cuando un equipo específico es "conformado/ensamblado" para realizar una determinada tarea...

Dependiendo de su ubicación física...

De su conocimiento...

De su sensibilidad...

De su capacidad...

De su entendimiento...

Etcetera...

Y en ese momento nosotros... O ellos... No tenemos idea de lo que está pasando... Y mucho menos de La Profundidad y Magnitud de todo lo que estamos viviendo...

Y después que pasa el tiempo...

Y si somos suficientemente Bendecidos o bastante afortunados...

Nosotros...

"Esos" para los que todo esto fue orquestrado...

Somos capaces de... De alguna manera...

Aunque sea en un grado muy pequeño...

Entender y Darnos Cuenta de la Hermosa Sinfonía de Ángeles Humanos que fue Reunida por esas Fuerzas Mayores para ayudarnos a Lograr lo que sea que era el Núcleo...

El Epicentro...

De la Acción de Creación en este momento tan crucial de nuestras vidas...

** Ángeles Humanos Y Seres Humanos Cotidianos **

Después de leer varias veces los párrafos anteriores... Y de reflexionar sobre algunos otros pasajes de mi vida... He Comprendido La Profundidad de todo esto...

Me he Dado Cuenta de que por lo general estas "grandes tareas" que parecen ser tan insignificantes tienen que llevarse a cabo así porque…

… Si las personas conscientemente entienden lo que está pasando, tienden a analizar las cosas demasiado… Y a sopesar y ver cuáles son los pros y los contras… Y bloquear todo en el proceso… Y de esa manera… O bien evitan que suceda… O al menos provocan que no ocurra a su potencial … Extensión… Profundidad… Máximos…

Tal vez "ese/a" para el que todo ha sido orquestado va a pensar… ¿Y que tal si me dicen que no? … ¿O si están demasiado ocupados? … ¿O quién soy yo para pensar que merezco todo eso? … Etcetera… Etcetera… O tal vez incluso… En casos extremos… No son capaces de al menos darse cuenta de que necesitan algo debido a la intensidad de la "tormenta" por la que están atravesando… O de la profundidad del adormecimiento al que se han dejado llevar debido al largo período de tiempo en que han vivido sumidos en una falta total de amor propio… En una falta de autoestima… Durante tanto tiempo… Tal vez toda la vida… Tal vez…

Y tal vez la persona/personas que "supuestamente" deben actuar como ángeles humanos comenzarán a analizar cuánto esfuerzo deberán realizar… Y todo el tiempo que tendrán que utilizar para eso… Tiempo que no tienen y esfuerzo que no quieren hacer…

Yo he vivido esto (ambas cosas) tantas veces… Sucede a menudo incluso con la gente que amamos… Y que nos aman… Más…

La mayoría de las veces he sido yo la que bloquea conscientemente todas las cosas maravillosas que han estado llegando a mi… Debido a mi falta de autoestima y de amor propio…

Y muchas otras veces he experimentado que, por ejemplo, cosas que realmente quiero lograr y para las que necesito la ayuda de otros… A veces personas totalmente extrañas o personas que no son tan cercanos a mí son los que lo hacen de inmediato… Sin preguntar nada… Sin cuestionar nada… Sin dudar nada…

Y sin embargo los más cercanos a mí dicen, ok, lo haré más tarde…

O empiezan a hacerme preguntas sobre por qué necesitan hacer eso, etc…

Y eventualmente, o bien terminan por no hacerlo…

O toman tanto tiempo que cuando lo hacen…

Ya no es necesario…

Creo que en todo esto hay un factor de resistencia…

O de fricción…

No sé cómo llamarlo…

O tal vez el hecho de que se sientan en confianza con nosotros…

Y que todo el mundo está tan ocupado en sus propias vidas…

Hace que las personas más cercanas a nosotros digan que lo harán…

Y luego lo posponen…

Y lo posponen…

Y muchas veces nunca lo hacen…

Mientras que con esos otros "extraños"… Con esos "Ángeles Humanos" sucede de una manera casi automática e instantánea…

De una manera aparentemente tan "sin esfuerzo"…

Casi como si no fueran ellos los que lo están "haciendo"…

Como si hubiera algo mucho mayor que ellos tomando posesión de Su Ser y realizando todas las acciones…

Y al final…

Cuando uno mira hacia atrás…

Uno ni siquiera puede comenzar a explicar cómo todo eso se llevó a cabo con tal Perfección y de una manera tan sutil… Sin que ninguno de los involucrados se percataran siquiera… De una forma tan "sin esfuerzo" …

Como si algo "SobreHumano" se hubiera encargado de ello…

Y de esa manera…

Algo Más Allá de nuestra comprensión limitada es Creado…

Algo tan Increíble que es más fácil llamarlo "Un Milagro" o "Una Bendición" que empezar a tratar de entenderlo…

Capítulo 10-- Seres De Luz

Así que... Ahora entiendo todo esto con Total Claridad... O al menos con mucha más Claridad que antes... Creo que esa palabra "total" es tal vez demasiado "limitante" para ser incluída aquí... Después de todo lo que he llegado a comprender gracias a toda La Bella Expansión y "Profundización" de Mi Ser a las que esta "Simple Conversación" me hizo llegar ... :)

En el caso de todos los innumerables Seres que han actuado como lo que yo llamo Ángeles Humanos en mi vida... Como lo expliqué antes... En ese momento... O en ese período de tiempo... En el que están realizando toda esa Magia en nuestra vida... Ellos no son conscientes de lo que está pasando... Ellos no tienen la más "remota idea" ...

Ellos actúan de una forma automática... O como una especie de "reflejo involuntario" ...

Para ellos el tipo de acciones que están realizando en nuestra vida en ese momento es algo similar a abrir la puerta cortésmente para que alguien más pase... O simplemente ser amable con alguien de alguna manera...

Sin darse cuenta de que su acción... Cualquiera que esta sea... Tiene alguna importancia en absoluto... No pueden notar la diferencia entre esa acción y cualquier otra acción automática y aparentemente pequeña e insignificante...

Y nosotros no tenemos "ni idea" tampoco...

Por lo general no es hasta que pasa un cierto período de tiempo...

A veces horas o días...

Muchas veces meses...

O incluso años...

Y muchas veces toda una vida…

Que finalmente tenemos un momento de Claridad Profunda… Y en ese momento nos Damos Cuenta de la Gran Magnificencia de todo lo que ocurrió en nuestra vida durante ese período de tiempo…

Y del Papel Crucial y Mágico y Absolutamente Indispensable que esos Ángeles Humanos jugaron en nuestra vida…

Y de la Magnitud de las Bendiciones y los Milagros que ellos ayudaron a Crear en/para Nosotros…

Pero volviendo a esa Pregunta Inesperada que "Esa-Amistad-Que-No-Sabía-Que-Tenía" me hizo… Justo al principio de nuestra segunda conversación… En el caso de ESE SER y de Esas Personas que conocí en "Ese-País-A-3.5-hrs-En-avión" … He experimentado algo que nunca me había ocurrido antes…

Yo era a la que… O Dentro de la que… Todo esto estaba ocurriendo… Y a pesar de que no sabía ni/o entendía nada de lo que me estaba pasando… Y aunque me tomó varios meses empezar a percibir la dirección en la que todo esto estaba yendo dentro de mí… Y el "propósito" que todo esto tenía… Para por lo menos poder darle alguna explicación significativa a lo que estaba sucediendo a/en mí…

Desde el **"Muy Claro Primer Momento"** el 7 de enero del 2013… Y cada segundo después de eso… Tuve la **Percepción** Subyacente de que algo **Muy Profundo** me estaba sucediendo… Y sentí un **Empuje Instantáneo** hacia estas personas… Que no pude al principio entender… O resistir… O incluso intentar detener… Fue algo por lo que… Literalmente… Fui arrastrada…

Y aunque nunca había experimentado esto en toda mi vida… Y sabía que la mayoría de las personas podrían interpretarlo como algo tal vez "inapropiado"... De nuevo, no sé qué palabra usar para poder expresar específicamente lo que quiero decir... Yo siempre Sentí... Percibí... Y comprendí... Desde el principio... Que era Algo Hermoso... Algo que en ese momento era Mucho Más Que Mágico para mí... Y que ahora lo veo como la "manera normal" en que deben ser las cosas...

Y aunque toda mi vida yo había sido muy estricta conmigo misma... Siempre bloqueando todo lo que llegaba a mí... Siempre "en el miedo" ... Siempre viendo todo como "negativo"... En el instante en que estas personas aparecieron en mi vida fue como que de repente estuve inmersa en algún tipo de "Estado Mágico"... Simplemente fluyendo con todo... Totalmente anonadada y en total admiración y asombro...

Era como si no fuera "yo" la que estaba dentro de mí... Por lo menos no "la yo" que había estado dentro de mí durante todos los primeros 42 años de mi vida...

Sí... En el caso de ESE SER y de esa Hermosa Pareja todo va **Más Allá De Ángeles Humanos** para mí...

Ellos verdaderamente actuaron... Y continúan actuando... Como Seres de Luz en Mi Vida... Es como si ellos hubieran tenido este Muy Profundo Entendimiento desde el Mismo Principio... Aunque no lo supieran...

Ellos no hicieron nada deliberadamente... Ellos no tenían ni idea del Milagro Tan Profundo que estaban ayudando a que ocurriera en Mí, estoy segura... Pero de alguna manera "Se Permitieron" ser Envueltos en/por Ese Fluído que nos Estaba Conectando para Guiarnos en una especie de Danza Perfecta... En una Armonía Perfecta...

De la misma manera… Aunque muchas veces pensaba que probablemente no debía seguir todo eso… No había manera de que pudiera siquiera intentar poner una barrera a nada de aquello… Era como si estuviera Rodeada por un Bosque Encantado… No… No sólo "rodeada por"… Era como si tuviera un Bosque Encantado Dentro de Mí… Como si Toda Yo fuera un Bosque Encantado… Como si yo estuviera Totalmente "Encantada" en relación con todo lo que tenía que ver con ellos… Y especialmente con ESE SER…

Yo estaba Percibiendo y Sintiendo ese **Hermoso Fluído** de "Algo Magnificente" que nunca había sentido en toda mi vida antes…

Un **Hermoso Fluído** de "Algo Magnificente" que hasta este momento…

Tres o cuatro años después…

No he sentido otra vez en relación a nadie más con esa profundidad…

"Esa Profundidad que es tan interminablemente profunda que se **Mezcla** totalmente...

Y **Se Convierte** en una con...

El Infinito...

Y **La Eternidad**...

Yo Permití que **Todo Eso** entrara **En Mí**...

Ellos Permitieron que **Todo Eso** que venía a mí y de mí y a través de mí entrara **En Ellos**...

Y **De Nuevo A Mí**...

Algo que Me impresionó Muy Profundamente en relación a ESE SER... (Y más tarde... Aunque en menor grado e intensidad y magnitud... En relación a esas Dos Hermosas Personas que conocí en ese "País-A-3.5-Horas-De-Distancia-En-Avión") ... Fue el hecho de que durante los tiempos en los que no nos comunicamos... Yo extraño terriblemente el "aspecto físico/tangible" ...

Pero al mismo tiempo estoy tan **Constantemente Llena** de toda **Esa Inmensidad** que ESE SER es… Que verdaderamente no es posible "extrañarLo" …

ESE SER **Siempre** está conmigo…

Yo constantemente Siento **Esa Energía**…

Esa Presencia…

Ese Fluído…

Dentro de Mí…

Alrededor Mío…

En Todo Lo Que Veo…

En Todo Lo Que Toco…

En Mí…

Constantemente…

Algo más que siempre Me Sorprendió en relación a ESE SER… Y que más tarde experimenté de manera similar con aquellas Dos Hermosas Personas que conocí en ese "País-A-3.5-Horas-De-Distancia-En-Avión" … (Aunque en una menor intensidad) ... Fue el hecho de que no había forma de que pudiera haber ningún tipo de emoción negativa o sentimiento negativo en Mi Ser con respecto a ellos...

Nada en absoluto...

No importa lo que ellos hayan dicho o no dicho...

O hecho o no hecho...

Nada...

Ni siquiera algún tipo de arrepentimiento...

Ni siquiera una decepción...

Nada...

Sólo **Amor**...

Sólo **Comprensión**...

Sólo **Aceptación Total de QuienesEllosSon**...

Sin yo tratar de que nada de esto sea de una u otra manera...

Todo era como era... Simplemente...

Y "eso" es algo que nunca había experimentado con nadie en toda mi vida... Ni siquiera con las personas que me quieren y que más quiero...

Todo fue y siempre ha sido... Desde el mismo principio... Algo tan **Único** que nunca imaginé que nada semejante pudiera ser posible en este mundo... Que algo así pudiera **Existir Dentro De Mí**...

No...
No había manera de tener ninguna emoción negativa...
O sentimiento negativo...
O nada negativo...
Ni siquiera acerca de cosas que no tienen que ver con ellos...
Incluso respecto a cosas que sólo están relacionadas conmigo...

Incluso respecto a cosas relacionadas con mi pasado...

Todavía recuerdo... Y era Siempre muy Asombroso y muy Increíble para mí cómo cada vez que le decía a ESE SER que necesitaba hablarle de algo "oscuro" ... Como si estuviera pidiendo SU permiso y así no invadir a ESTE SER con eso... Y ESE SER siempre decía que Sí... Cuando yo trataba de acceder todo eso para poderlo escribir...
Ya no estaba allí...
No podía escribirlo...
No estaba dentro de mí...
Ido...
Disipado...
Desaparecido...
Incluso "mis mayores traumas" ...
Incluso las cosas más dolorosas que me ocurrieron en diferentes puntos de mi vida y que se mantenían trabadas allí...

Dentro de Mi Ser...

A lo largo de mi vida...

Causándome un profundo dolor...

Una profunda vergüenza...

Una culpa profunda...

Más y más falta de amor propio...

Ido...

Totalmente desaparecido...

Como "**Por Arte De Magia**"...

Como si nunca hubiera estado allí...

Después de todo esto Mi Pasado es totalmente diferente al que yo "viví"... Cada vez que quería decir algo a ESE SER... Y pedía permiso y la respuesta era siempre "sí"... Yo literalmente sentía un "movimiento viscoso oscuro" de algo dentro de mi cuerpo... Re-vivía todo en preparación para escribirlo... Y cada vez... En el momento en que recibía el "sí"... Todo eso desaparecía y luego... **Fluído Total**...

Claridad… **Amor**… Como si nunca hubiera habido nada allí… ¡¡¡Ido!!! … Simplemente…

Es como que a través de ellos…
O gracias a ellos…
O gracias a la **Belleza Creada** a través de la **Mezcla** y la **Fusión** de **Nuestras Almas**…
De **Nuestros Seres**…
Me Convertí en una Persona **D**iferente…
Me Convertí en **MiSerTotal**…
Es como si **A Través** de Ellos...
O **Gracias** a Ellos…
Yo fui capaz de **Conocer** a MiYo…
Yo fui capaz de **Mezclarme** con MiYo…
Yo fui capaz de SER MiYo…
MiVerdaderoYTotal YO…
Y eso…
Eso es algo que **No Tiene Paralelo en Todo El Universo**…

Y Siento que va en ambos sentidos simultáneamente… Ellos Fluyen Hacia DentroDeMí a la vez que Yo Fluyo Hacia DentroDeEllos… Hasta que comenzamos a Disolvernos uno en el otro durante el período de tiempo que sea "necesario" …

A veces **Un Segundo**…

A veces **Un Día**…

A veces **Una Vida**...

A veces **Una Eternidad**…

Y en el casi improbable caso de que todo eso "termine" …

Nosotros hemos sido **Totalmente Cambiados** después de eso…

Aunque haya sido solo a un nivel "inconsciente" …

Capítulo 11-- Y TÚ... "Amistad-Que-No-Sabía-Que-Tenía"

Para mí la respuesta es Muy Clara ahora... Después de que todos estos Pensamientos y Reflexiones sobre Ángeles Humanos y Seres De Luz se han Expandido dentro de MíYo durante un período tan largo de tiempo... Once meses después de nuestra primera conversación delante de la máquina de café de Mi Gimnasio...

Y este libro prácticamente se escribió dentro de esas dos semanas entre el momento de nuestra primera conversación y la Enorme Expansión que ocurrió dentro DeMí en esos dos o tres días después de esa "Segunda-Conversación-De-Una-Hora-Que-Parecía-Haber-Durado-Sólo-Unos-Pocos-Segundos"...

Y durante todo este tiempo no he sido capaz de entender por qué a pesar de que sabía que todo estaba más o menos "escrito y hecho" ... ¿Por qué cada vez que incluso la idea de sentarme y terminarlo me cruzaba la mente era como si estuviera "pidiéndole permiso a un pie para mover el otro" ... O como si un inmenso pedal de freno mucho más fuerte que yo hubiera sido colocado en mí y me hacía paralizarme ahí mismo ...

Y entonces otra vez...

Y otra vez...

Todos estos meses...

Siempre lo mismo...

Y esto ha estado provocando frustración y muchas "situaciones" desbalanceadas dentro de mí...

Pero al mismo tiempo he pasado por todo esto muchas veces ya... Desde enero del 2013 en adelante... Y he sido capaz de "Agarrar El Timón De MíMisma" ... Entendiendo... O Percibiendo... Que si las cosas estaban sucediendo de esta manera es probablemente porque "había algo más detrás de eso"… O algo más DentroDeMi… Que no había logrado salir Claramente todavía… Todavía no…

Así que justo cuando la "frustración" y las otras "situaciones desbalanceadas" han comenzado a aparecer en mí… He sido capaz de cambiar el interruptor y encender el "Amoroso Modo de Observador" cada vez…

Y sí… Me ha llevado once meses… Pero ese **Amoroso Modo de Observador** me ha ayudado a llegar **A Este Punto**…

A Este Punto de Comprender Claramente la Importancia y el Significado que Tantas Personas han tenido a lo largo de Mi Vida… Y a entender por qué me refiero a muchos de ellos como "**Ángeles Humanos**"…

A Este Punto de Darme Cuenta de que hay incluso Otras Personas… Aquellas que gracias a estas Expansiones y Reflexiones a las que tú me ayudaste a llegar… Aquellas a las que tú me hiciste catalogar como "**Seres de Luz**" en Mi Vida… Aquellas que desempeñan Papeles Más Profundos en nosotros y nos ayudan a Encontrarnos Con Nuestro **Verdadero Ser**... Con Nuestro **Centro Más Interno**… Con Nuestra **Esencia**…

A Este Punto de Darme Cuenta de que TÚ fuiste colocada en Mi Vida a través de esa Secuencia De "Coincidencias y Eventos De Azar" que se desarrollaron ese día tan Significativo de febrero del 2016 para mostrarme algo Muy Importante…

Así que…
¿Y **TÚ**… "Amistad-Que-No-Sabía-Que-Tenía"? …

¿Qué "papel" has jugado tú en mi vida???
…

Los dos… El de Ángel Humano… Y el de Ser De Luz…

Tú actuaste como un **Ángel Humano** ese día de febrero del año pasado cuando yo me sentía tan inquieta y tan ansiosa sin razón aparente…

Tú me ayudaste a Anclar y Enfocar toda esa Energía…

Tú me ayudaste a Superar mi "vergüenza" y a simplemente Permitir que otras personas supieran que yo había "escrito algo" y a "atreverme a permitirles" que lo leyeran…

Entonces, una semana después…

Durante esa "Conversación-De-Una-Hora-Que-Parecía-Haber-Durado-Sólo-Un-Segundo" tú me ayudaste a Superar esa vergüenza al Encontrar y Señalar "La Belleza" en todas esas cosas que yo había escrito en "*Ese Libro*"…

Todas esas cosas que son tan Íntimas y tan Queridas para mí…

Al hacerme todas esas preguntas Profundas y Significativas que me Hicieron Ver que tú Verdaderamente leíste y Entendiste "*El Libro*"…

Todas esas preguntas que Desencadenaron esta Profundización y Expansión en mí…

Primero en una manera Muy Intensa y Casi "Violenta" durante esos tres días después de nuestra segunda conversación…

Y luego de una forma mucho más Suave y Sutil durante estos casi once meses que han pasado después de eso…

Durante ese primer período entre nuestra primera conversación delante de la máquina de hacer café y nuestra segunda conversación una semana más tarde tú actuaste como un **Ángel Humano** porque no tenías ni idea de el Rol Tan Importante que estabas jugando en mi vida…

Y yo sólo Percibía que "Algo Más Allá De La Rutina" estaba sucediendo…

Pero tampoco tenía ni idea…

Pero durante el período entre nuestra segunda conversación y ahora (11 de enero del 2017) las "cosas" definitivamente cambiaron... ¡¡¡Oh sí!!! …

Durante todo este tiempo tú has estado actuando como un **Ser De Luz** en Mi Vida…

Durante todo este tiempo yo ya he estado Consciente... Ya he estado Conscientemente Sintiendo y Percibiendo toda esta Expansión… Este Entendimiento… Esta Significativa Profundización que tú has causado…

Durante todo este tiempo tú no has estado consciente de nada… Especialmente de La

Profundidad de lo que ha estado ocurriendo dentro de Mí...

No... Tú no sabías... Yo simplemente te dije que Esa Conversación tuvo un impacto en mí... Y que yo había estado escribiendo sobre eso... Y que te dejaría leerlo una vez que terminara...

Pero tú REALMENTE no Sabías... Tú has estado esperando paciente y amorosamente a pesar de que dije muchas veces que "eso" ya estaba terminado...

Pero entonces otro libro se metió en el camino... Y sé que ese también lo leíste muy profundamente... Por tus comentarios al respecto...

Y luego otro libro se interpuso en el camino... Y tú estuviste muy dispuesta a leerlo...

Y todos tus comentarios esporádicos en el transcurso de todo ese tiempo…

Ya en ese punto yo sabía de El Gran Impacto que todas estas interacciones estaban teniendo en mi Entendimiento de MíMisma… En mi Crecimiento… Pero tú no tenías idea… Y nada de aquello te pareció "extraño"… Y simplemente permaneciste ahí… Probablemente Sabiendo que algo importante me estaba pasando… Y aunque realmente no tenías ni una pista… Te quedaste ahí sin alejarte…

Y toda Esta Expansión me ha ayudado Tremendamente…

A dar un Gran Salto en Mi Comprensión de MíMisma…

A Entender Más Profundamente el Papel que Esos Dos Seres han tenido… En Mi Crecimiento… En Mi Amor…

A lograr poner algún tipo de cierre a Aquellos Muy Importantes Tres Años De Mi Vida...

A lograr una Comprensión Mucho Más Profunda de todo...

Todo esto me ha Permitido Centrarme AMíMisma... Y no dejar que nada de esto pierda sentido al disolverse en las complejidades de la vida y la percepción del paso del tiempo...

Sucedió... En el caso de este libro que he estado escribiendo durante estos once meses lo mismo que me pasó con "*Ese Libro*" ...

Fue escrito y prácticamente terminado en un período de tiempo Extremadamente Corto... Pero "algo" no me dejó terminarlo totalmente... Y un día estuve de pie frente al mostrador de la cocina escribiendo y escribiendo y escribiendo y no podía dejar de escribir... Y lo que salía de mi era el

Entendimiento Total de lo que esos otros Dos Seres de Luz que conocí en Ese País Realmente Significaron en Mi Vida... Y la Enorme Profundización del Entendimiento que causaron en mí sobre el Gran y Significativo Rol que ESE SER ha tenido en Mí...

Y este libro que estoy escribiendo ahora estuvo prácticamente terminado durante esas dos primeras semanas que rodearon Nuestras Dos Conversaciones... Pero no ha sido hasta Ahora... Hasta Este Momento en el que no he podido dejar de escribir sobre el Significado que Tú has tenido en Mi Vida... Y sobre la Profundización del Entendimiento que me has ayudado a alcanzar, sobre el significado que Mucha Personas han tenido en Mi Vida... Todos esos Hermosos Ángeles Humanos... Esos Hermosos Seres De Luz... Y Tú... Querida "Amistad-Que-no-Sabía-Que-Tenía"...

Y Ahora… Ahora SÉ… Profunda y Realmente SÉ…

Que Este Libro está **Completo y Terminado**…

*** **Algunos Pensamientos** ***

YO SÉ…

Porque las he Vivido Dentro de Mi Ser…

Durante un Período de Tiempo ya Bastante Largo…

Que esos Tipos De relaciones…

De **Conexiones**…

Son Perfectamente **Posibles**…

Y están Totalmente **Disponibles** para nosotros...

Pero al mismo tiempo Percibo y Siento que Conexiones como ésas… En un **Nivel Energético** de ese tipo… Y sí… En ese Nivel de **Pureza**

Total... Todavía son difíciles de mantener regularmente en nuestra Realidad Física...

Y la forma en que Percibo y Siento todo esto ahora...

Desde esta **Hermosa Claridad** que *Estos Cuatro Años*...

Que *Toda Mi Vida*...

Que *Todos Los Bellos Ángeles Humanos*...

Que *Todos Los Hermosos Seres Humanos Cotidianos*...

Que *Esos Seres-De-Luz-Transformadores-De-Vida*...

Que *MiYoCompletoYTotal*...

Han traído **A Mi Ser**...

Es que todavía tenemos que Expandir y Contraer y "Destilar" ANuestroSerTotal mucho más...

Especialmente **Nuestros Cuerpos**...

Especialmente **Nuestras Mentes**...

Especialmente **Nuestras Relaciones**...

Especialmente **Nuestros Pensamientos**...

Especialmente **Nuestros Sentimientos**...

Especialmente **Nuestras Emociones**...

Especialmente **Nuestros Niveles De Auto-Valia**...

Especialmente **Nuestros Niveles De Autoestima**...

Especialmente **Nuestros Niveles De Amor Propio**...

ESPECIALMENTE Nuestros Niveles De **AMOR**...

Para alcanzar el Grado De Pureza necesario para Percibir tales tipos de "Energías" tan Sutiles... Y aún más Importante... Para Permitirles Entrar en nuestras vidas en/a su Potencial Máximo y la Medida Más Profunda...

*** La Vida ***

La Vida... En la forma en que la veo ahora después de todo esto... No es sólo lo que existe aquí en el planeta tierra...

La Vida es todo lo que Existe... Es El Universo... Es Esa Energía que impregna todo lo que Existe...

La Vida es Ese Amor que lo Compone Todo y lo Conecta Todo... Y cuando digo "Todo"... Quiero decir todas las Cosas Vivientes y No Vivientes... Todo lo Tangible y lo Intangible... Lo que está Cerca de nosotros... Dentro de nosotros... Lejos de nosotros... Lo que Sabemos que Existe... Y lo que está tan lejos de nuestra comprensión y percepción actual que no tenemos idea (todavía) de que Existe...

La Vida es un Fluído Eterno de Bendiciones y Milagros... La clave es si estamos abiertos a dejar que Fluyan A Través De Nosotros y Alrededor de nosotros y dejarnos Inundar por ellos...

La mayoría de nosotros... La mayoría de las veces... Por algún motivo... Estamos cerrados a este fluído... Es por eso que vivimos la vida en el miedo... En la culpa... En la depresión... En todo tipo de emociones y sentimientos negativos que sólo causan que nuestras mentes y cuerpos "se enfermen"...

Pero una vez que... Por la razón que sea... Permitimos que sólo un poquito de ese Fluído Eterno de Bendiciones y Milagros nos alcance de alguna manera... Y Nos Damos Cuenta de lo que acaba de suceder... Cuando **Conscientemente** Percibimos al menos que "Algo" sucedió... Y dejamos que "Nos Bañe" desde Nuestro Interior...

Entonces no hay nada que nos pueda hacer regresar a la forma en que éramos antes...

Y si... Por el motivo que sea... Las circunstancias de **La Vida** se interponen en el camino y nos olvidamos temporalmente... Podremos Reconocerlo una y otra vez... Y dejar que más y más de él entre en nosotros...

Hasta que comenzamos a entrar **Conscientemente** en una Danza Eterna con Ese Fluído Infinito y Eterno de Bendiciones y Milagros... Y nos Damos cuenta de que Ese Fluído Infinito y Eterno de Bendiciones y Milagros es Quién/LoQue Realmente Somos...

Sólo nos "olvidamos" temporalmente de ello porque nos quedamos demasiado atrapados por nuestro "envolvimiento" total con/por lo que nuestros sentidos físicos ponen delante de nosotros...

Y una vez que nos encontremos **Conscientemente** con Ese Entendimiento… Con ese Conocimiento Profundo… Entonces seremos capaces de Percibir… De Sentir… De Saber lo que es Ese Fluído Infinito y Eterno de Bendiciones y Milagros… De Saber LoQue/Quienes Todos Nosotros Somos… Puro… Infinito… Eterno… Incondicional… SiemprePresente… Sutil… Poderoso… **AMOR**…

11:11-- Epílogo

∞ ∞ ∞

www.ingramcontent.com/pod-product-compliance
Lightning Source LLC
Chambersburg PA
CBHW022117040426
42450CB00006B/738